HYGIÈNE
OCULAIRE

DE L'ENFANCE

ou

EXPOSÉ DES MOYENS CONNUS

QUI PEUVENT PRÉVENIR
OU RENDRE MOINS GRAVES LES MALADIES OCULAIRES
DE L'ENFANCE

Par ACHILLE SAMSON

Docteur en médecine de la Faculté de Paris, ex-médecin du bureau de bienfaisance du XIIe arrondissement de Paris, Directeur d'un dispensaire pour les maladies des yeux.

PARIS

J. HAMEL, LIBRAIRE-ÉDITEUR
10, RUE RACINE, 10

1858

Paris. — Typographie et lithographie LACOUR, rue Soufflot, 18.

PRÉFACE

Je suis persuadé que si on avait l'histoire exacte cent aveugles, par exemple, on en trouverait sur ce nombre peut-être un quart dont la cécité serait survenue à la suite des ophthalmies de l'enfance, de l'ophthalmie purulente en particulier.

Je suis également persuadé que la plupart de ces vingt ou vingt-cinq aveugles auraient conservé une vision plus ou moins bonne, s'ils eussent reçu, à temps, les soins convenables.

Ma conviction sur ces divers points doit être partagée par les médecins qui voient beaucoup de maladies des yeux; pour ce qui me concerne, elle repose sur l'observation de faits nombreux.

Depuis quelques années en effet, il s'est passé peu de mois où je n'aie vu dans l'une ou l'autre des cliniques de Paris, spéciales ou non, des enfants qui avaient perdu la vue, avant même d'y etre présentés, parce que la mère, la nourrice ou les personnes chargées de leur donner des soins, ignorant le danger des ophthalmies qui surviennent peu après la naissance, avaient laissé marcher seulement quelques jours une ophthalmie purulente, avant de réclamer les secours de l'art.

Dans ces derniers mois et dans ma propre pratique, j'ai rencontré trois cas où l'ignorance que je signale a été sur le point de causer la perte de la vue chez trois enfants.

Aussi, témoin de ces faits malheureux et songeant que l'ophthalmie purulente des nouveau-nés peut, dans presque tous les cas, être guérie si elle est soignée à temps et par les moyens convenables, j'avais conçu depuis longtemps déjà le projet de signaler les graves dangers de l'ophthalmie purulente et les règles d'hygiène auxquelles les enfants devraient être soumis pour y être exposés le moins possible.

J'ai d'abord réalisé mon projet, mais mon travail fini, il m'a paru qu'il pourrait être utile d'envisager du même point de vue où je m'étais placé pour l'ophthalmie purulente, les autres maladies de l'œil spéciales surtout au premier âge et d'écrire ainsi l'hygiène oculaire de l'enfance. J'ai alors relié ce travail nouveau au premier.

A l'occasion de certaines affections, j'ai cru pouvoir rentrer dans quelques développements de pathologie générale, et présenter au sujet des causes de ces affections quelques aperçus un peu longs peut-être, mais que l'observation m'a démontré avoir leur intérêt.

SOMMAIRE DES CHAPITRES.

CHAPITRE Ier. — Généralités.
CHAP. II. — Maladies congéniales.
CHAP. III. — Ophthalmie purulente. — Ses causes. — Règles hygiéniques.
CHAP. IV. — Considérations générales sur l'ophthalmie purulente.
CHAP. V. — Généralités touchant les ophthalmies qui surviennent après l'ophthalmie purulente.
CHAP. VI. — Conjonctivite catarrhale. — Règles hygiéniques.
CHAP. VII. — Conjonctivite pustuleuse. — Ses causes. — Comment dans certains cas se développe le tempérament lymphatique. — Règles hygiéniques.
CHAP. VIII. — Inflammation des paupières. — Blépharites.
CHAP. IX. — Kératite pustuleuse. — Ses causes. — Sa durée. — Règles hygiéniques.
CHAP. X. — Taies de la cornée. — Leurs inconvénients. Règles hygiéniques.
CHAP. XI. — Strabisme. — Variétés qu'il faut admettre. — Causes. — Règles hygiéniques. — Ce qu'il faut penser de l'opération.
CHAP. XII. — Myopie. — Ses causes. — Règles hygiéniques.
CHAP. XIII. — Asthénopie. — Ses causes. — Ce qu'on entend par accommodation de l'œil pour les diverses distances. — Règles hygiéniques.
CHAP. XIV. — Amaurose. — De quelques causes d'amaurose chez les enfants. — Règles hygiéniques.

HYGIÈNE OCULAIRE

DE L'ENFANCE

CHAPITRE PREMIER.

Les maladies qui peuvent attaquer la vue depuis la naissance de l'homme jusqu'à sa vieillesse, sont nombreuses et variées. Toutes heureusement ne menacent pas le jeune âge. Certaines lui sont étrangères ou n'apparaissent que très rarement avant la puberté. Toutefois, les affections oculaires sont plus fréquentes pendant l'enfance qu'aux autres époques de la vie, et certaines de ces affections ont la plus grande gravité.

CHAPITRE II.

Maladies congéniales.

L'œil, comme tous les autres organes, peut subir pendant la vie intra-utérine différents arrêts de développement. De là, des modifications plus ou moins importantes dans les fonctions et l'aspect de l'organe.

Celles des affections congéniales de l'œil qu'il est le plus intéressant de connaître, sont la cataracte et le strabisme ; nous parlerons plus loin de ce dernier.

CATARACTE CONGÉNIALE.

Il est encore assez commun de voir au moment de la naissance l'opacité du cristallin. C'est la cataracte congéniale, cataracte des nouveau-nés.

A propos de ce genre de cataracte, il est utile d'être fixé sur les deux points suivants :

1° Quel rôle joue la cataracte congéniale sur la sensibilité de la rétine ?

2° A quel âge faut-il opérer les enfants atteints de cette cataracte ?

La première question est jugée d'une façon diverse par les auteurs. Selon les uns, l'existence de la cataracte diminue et peut même abolir la sensibilité de la rétine ; selon les autres, la rétine conserve sa sensibilité, malgré la longue durée de la cataracte.

Chacune de ces opinions est exclusive. Tantôt la sensibilité de la rétine est diminuée, tantôt elle est intacte. Les faits qui suivent prouveront notre assertion.

Serres, de Montpellier, a opéré avec succès un œil cataracté depuis soixante ans : le malade y vit à lire de cet œil.

Uyterrhœven a opéré une femme de quarante-trois ans, atteinte de cataracte congéniale de l'œil droit. (Succès.)

Jans a opéré une femme après vingt-cinq ans de cécité.

Franz a rendu la vue à un aveugle-né, âgé de dix-huit ans.

Hartmann a opéré avec succès un malade atteint de cataractes congéniales depuis trente-six ans.

Stafford a opéré heureusement une fille de vingt-trois ans, aveugle depuis sa naissance.

Ansiaux a réussi chez un garçon de treize ans, atteint de cataractes congéniales.

La pratique de Saunders n'a pas fourni des résultats aussi heureux que ceux qui précèdent.

Selon le docteur Farre, il résulte, des opérations de Saunders, que les enfants opérés avant l'âge de quatre ans ont tous présenté une rétine aussi saine que s'ils n'avaient jamais eu de cataracte. A huit ans et moins la sensibilité de la rétine était déjà diminuée. Vers quinze ans la sensibilité de la retine était presque abolie.

A quel âge faut-il faire opérer l'enfant?

Comme il est juste de déduire de quelques-uns des faits qui précèdent que la sensibilité de la rétine peut être diminuée par la longue durée des cataractes congéniales ;

Comme aussi il faut apprendre à voir à l'enfant aveugle-né, et que l'éducation des yeux ne saurait être retardée sans nuire à son développement intellectuel, nous pensons, comme MM. Mackenzie, Rognetta, Ansiaux, Sichel, etc., qu'il faut opérer dès les premiers mois qui suivent la naissance, ou après la dentition. On n'opérera pas pendant la dentition, parce qu'à cette époque, l'enfant est sujet non-seulement à des congestions oculaires, mais à plusieurs autres affections, capables de nuire au bon résultat d'une opération.

CHAPITRE III.

Ophthalmie purulente.

Cette affection, sans contredit, une des plus graves de l'enfance, peut se montrer quelques jours après la naissance, ou même chez des sujets âgés de plusieurs mois et de un ou deux ans. On a donc eu tort de la nommer ophthalmie des nouveau-nés, et cette appellation, née de certaines doctrines régnantes sur la cause de l'ophthalmie purulente, ne doit pas être prise à la lettre.

On doit, dit M. Bégin, ranger, parmi les ophthalmies des nouveau-nés, toutes celles qui se manifestent chez les jeunes sujets avant que leur constitution se soit écartée beaucoup de ce qu'elle était à l'époque de la naissance.

Toujours contagieuse, l'ophthalmie purulente n'attaque d'ordinaire que des individus isolés. Mais parfois, sous l'influence de causes encore mal connues, elle sévit à l'état épidémique; c'est ainsi qu'en 1832, elle a atteint 299 enfants sur 300 enfermés dans l'hospice des orphelins du choléra, et qu'en 1835 elle a maltraité les enfants de l'hospice des Incurables. Dans un certain nombre de cas, elle n'atteint d'abord qu'un seul œil ; l'autre est pris au bout de quelques jours. Est-ce la même cause qui à distance attaque ainsi les deux yeux, ou bien le second s'infecte-t-il par contagion, parce que la sécrétion du premier vient à être portée sur lui?

On ne saurait se prononcer entre les deux hypothèses, mais de ce que la seconde est admissible, il résulte que l'on doit accorder la plus sévère attention à quelques précautions que nous indiquerons.

Nous citerons les symptômes les plus saillants de l'ophthalmie purulente, pour qu'elle puisse être reconnue dès le début et que les plus prompts secours de l'art soient recherchés.

D'abord quelques croûtes se montrent adhérentes aux cils, puis la paupière se gonfle auprès de son bord libre et un peu de liquide jaune citrin s'échappe de l'œil si on l'ouvre. En peu de temps le gonflement augmente ; en 24 ou 48 heures dans certains cas, non-seulement les paupières mais la joue sont enflées ; un écoulement purulent a remplacé alors le liquide jaune citrin qui avait paru d'abord. A ce moment il est impossible d'ouvrir les paupières et d'examiner l'œil sans des instruments appropriés.

La marche de l'ophthalmie purulente est parfois d'une effrayante rapidité. En 24 heures, en 48 heures, la cornée peut être détruite et la vision perdue à jamais. Il importerait que ceux auxquels les enfants sont confiés soient instruits de ce fait, la crainte d'accidents si prompts et si graves les mettrait en garde contre toute temporisation et contre l'espérance chimérique de voir le mal guérir sans traitement.

L'ophthalmie purulente, avons-nous dit, menace surtout les nouveau-nés et les enfants âgés de quelques mois à 2 et 3 ans. Comme on voit exceptionnellement d'autres inflammations attaquer l'œil pendant cette période de la vie, on devra soupçonner l'ophthalmie purulente, dès que quelques symptômes se manifesteront du côté des yeux, chez un très jeune sujet.

Les règles hygiéniques auxquelles les parents soumettront leurs enfants pour prévenir, autant qu'il est possible, l'ophthalmie purulente, se déduisent de la connaissance des causes qui peuvent produire la maladie.

Certaines affections des organes génitaux de la mère peuvent infecter l'enfant, lors de l'accouchement, et occasionner l'ophthalmie purulente. Scarpa a vu dans cette cause celle qui produit le plus souvent l'ophthalmie purulente, je dirais presque celle qui la produit toujours. L'autorité d'un tel nom a longtemps maintenu dans la science cette opinion exclusive et jugée aujourd'hui comme telle. Selon nous, la leucorrhée simple ou spécifique n'est qu'une des causes génésiques de l'ophthalmie purulente et non la plus commune. De ce que nous la reconnaissons comme telle, nous conseillerons aux mères qui en seraient atteintes de s'en faire soigner et guérir avant la fin de leur grossesse.

Les nourrices et les femmes qui reçoivent l'enfant aussitôt après sa naissance, ont plusieurs coutumes fâcheuses :

Souvent elles n'enveloppent pas suffisamment l'enfant, pour le préserver de l'impression fâcheuse de l'air extérieur.

Souvent elles l'approchent d'un feu clair et exposent ainsi ses yeux à une lumière trop ardente.

Souvent encore elles se servent pour débarrasser l'enfant du mucus qui recouvre son visage, de substances irritantes, eau de savon et autres, capables d'irriter les yeux, tandis qu'un peu d'huile ou de beurre ou mieux encore un jaune d'œuf battu dans un peu d'eau tiède, promenés avec le doigt ou une fine éponge sur les parties, atteindraient mieux le but et ne sauraient amener de résultats fâcheux.

Ces coutumes doivent être proscrites.

On veillera à ce que le berceau de l'enfant ne soit pas placé près d'une fenêtre qui regarderait l'orient, afin que le matin, lors de l'ouverture de la fenêtre, il ne reçoive pas une lumière trop vive, d'autant plus capable d'offenser les yeux qu'elle survient brusquement et après un long repos dans l'obscurité.

Tant qu'une lumière intense ne pénètre pas dans l'appartement, que le jour est modéré, le berceau pourra être sans inconvénient privé de rideaux, mais si le jour vient de l'orient, le berceau sera entouré de voiles, et surtout le matin.

La tête de l'enfant sera modérément couverte, dans le but de prévenir la tendance aux congestions cérébro-oculaires.

Lorsque les mères ou les nourrices changent le linge de l'enfant, elles tiennent souvent celui-ci sur leurs genoux et font en même temps sécher près de lui les couches qu'il a souillées de ses urines. Il se produit en cette circonstance des vapeurs irritantes, capables d'affecter les yeux. Il faudrait faire sécher les couches loin de l'enfant.

Les causes irritantes locales ont en effet une action puissante et fâcheuse sur l'œil d'un nouveau-né. Le docteur Ireland a rapporté le cas d'un tout jeune enfant, atteint de conjonctivite purulente par suite d'une goutte d'alcool tombée sur son œil au moment où la sage-femme lavait son visage.

Les auteurs les plus recommandables pensent que l'eau froide du baptême peut amener l'ophthalmie purulente. On a vu plusieurs fois cette affection se déclarer le lendemain même du baptême.

Il pourrait être fâcheux de sortir l'enfant pour la première fois par un temps froid et humide, ou de le conduire dans un lieu frais.

Demours, Rognetta, et autres citent des cas où ils n'ont pu attribuer l'ophthalmie purulente qu'au transport de l'enfant à la mairie, le lendemain de la naissance.

Il suffit de citer ces faits: Laurence, Mackenzie, Kennedy, M. Sichel, considèrent l'ophthalmie purulente comme un état catarrhal des yeux dépendant le plus souvent d'un état particulier de l'atmosphère. Cette opinion mérite toute croyance en ce qui touche à l'origine des ophthalmies épidémiques, et l'on conçoit que l'on peut en conclure, pour les cas isolés, que la viciation de l'air dans la chambre habitée par un nouveau-né est de nature à produire l'inflammation purulente de la conjonctive.

Nous pensons donc que les mères et nourrices doivent s'astreindre à la propreté la plus minutieuse autour de leur enfant. Cela, du reste, n'est pas seulement avantageux pour la vue, mais favorise la santé générale.

Nous avons dit que, parfois, la maladie n'atteignait d'abord qu'un œil, que l'autre se prenait quelques jours après le premier ou le lendemain, que le contact du pus de l'œil malade, porté sur l'œil sain, pourrait bien être la cause de la maladie du second œil. Dans ces cas, il faut empêcher que l'enfant ne porte la main à ses yeux, ce qu'il fait sans cesse d'ordinaire. Il faut encore veiller à ce qu'il ne se couche pas, la face appuyée sur l'oreiller, comme il arrive pour les enfants un peu âgés, libres de leurs mouvements, et atteints de l'affection qui nous occupe. Les linges et tout ce qui aura touché l'œil malade seront écartés avec soin de l'œil sain. Lors de l'injection des collyres, l'œil sain devra être placé de telle sorte qu'il ne soit pas mouillé par les liquides injectés dans l'autre œil. Pour dernière précaution enfin, l'œil sain sera couvert d'une compresse imbibée d'un liquide astringent, selon la formule suivante, par exemple :

Borax, 50 centigrammes.
Eau distillée, 200 grammes.

Chez deux enfants, placés dans les conditions que nous exposons, nous avons pu (grâce, avons-nous cru, à tous ces soins) préserver l'œil non attaqué de toute invasion de la maladie.

L'ophthalmie purulente a souvent atteint les parents ou les nourrices chargés de la garde de l'enfant. On suppose, en pareil cas, que ces personnes ont dû porter sur leurs yeux du pus provenant des yeux du petit malade. Les personnes chargées de soigner les enfants devront donc veiller à écarter les linges et tout ce qui aura servi au malade; elles ne toucheront pas ses yeux ou éviteront de toucher les leurs aussitôt après. Les mères embrassent souvent l'enfant pour calmer ses cris, elles ne le doivent faire qu'avec prudence, elles peuvent gagner la maladie pendant ces rapprochements.

Il serait prudent, à plusieurs titres, d'écarter les petits frères et sœurs du malade.

La réunion d'un grand nombre d'enfants dans un lieu étroit et imparfaitement aéré tend à vicier l'air et à provoquer des inflammations oculaires, peut-être les épidémies que nous avons relatées n'avaient-elles pas d'autre cause. C'est aux parents, c'est à l'autorité à prévenir ces conditions fâcheuses.

CHAPITRE IV.

Considérations générales sur l'ophthalmie purulente.

A mesure que l'enfant grandit, la fréquence de l'ophthalmie purulente disparaît. On peut croire que vers l'âge de 4 à 5 ans, et même avant, il n'en est plus menacé. Au moins, à cet âge, l'ophthalmie purulente ne survient pas spontanément ou comme cela avait lieu auparavant, sous l'influence de causes qui irritent l'œil ou de viciations atmosphériques. A l'égard de l'ophthalmie purulente, l'enfant de 4 à 5 ans se trouve dans les mêmes conditions que les adultes. Il ne la contracte plus que sous l'influence de causes directes, c'est-à-dire par le contact de substances virulentes sur les yeux.

Comment rendre compte du changement survenu dans les prédispositions de l'enfant? Cette question intéressante n'a été, que je sache, posée et étudiée par personne. Cependant, n'est-il pas curieux et bien digne d'attention de voir une affection aussi grave que l'ophthalmie purulente aller en diminuant de fréquence, à mesure que l'enfant compte, non des années, mais seulement des mois de plus? Pourquoi donc le nouveau-né contracte-t-il si fréquemment et si facilement l'ophthalmie purulente, tandis que cette affection ne se rencontre plus ou presque jamais dès l'âge de 4 à 5 ans, et seulement alors dans des conditions toutes spéciales que nous avons indiquées?

Nous pensons pouvoir répondre à ces questions :

De toute évidence, les causes capables d'amener l'inflammation purulente de la conjonctive existent toujours; l'enfant de 4 à 5 ans n'est pas à l'abri de leur atteinte; si elles n'agissent plus sur lui, c'est que l'organe sur lequel elles avaient une action si puissante a subi avec le temps des changements importants. C'est en un mot que l'œil de l'enfant présentait des conditions anatomiques et physiologiques spéciales, lesquelles ont été chaque jour se modifiant à mesure que l'œil, comme les autres organes, obéissait aux lois de son développement. Citons ces conditions spéciales et passagères.

Chez le nouveau-né, la cornée est plus épaisse, l'humeur aqueuse moins limpide, le cristallin plus mou et plus volumineux, les paupières, minces, transparentes, reçoivent des vaisseaux une plus grande quantité de liquide, les glandes de Méibomius ont un développement exagéré et fournissent relativement une quantité considérable d'humeur ; le tissu cellulaire sous-conjonctival est abondant, très lâche, par suite les vaisseaux qui rampent dans son tissu ne sont que peu comprimés.

Toutes ces conditions favorisent au plus haut degré l'inflammation avec purulence, et si l'on en tient compte, il n'y a pas lieu de s'étonner que les causes excitantes qui déterminent de simples ophthalmies catarrhales chez l'adulte, amènent chez les enfants des ophthalmies purulentes. Celles-ci du reste se présentent d'abord sous la forme d'une ophthalmie catarrhale. Si, en se développant, elles offrent des symptômes plus intenses, les différences anatomiques expliquent les différences morbides et il nous semble superflu de chercher la cause de l'ophthalmie purulente dans l'existence de principes virulents spéciaux entraînés par l'atmosphère ou dans une inoculation subie par l'enfant au moment de la naissance.

Disons aussi que les fonctions de l'œil ne sont pas, au moment de la naissance, ce qu'elles sont après des mois et des années.

Dans les premiers jours qui suivent la naissance, il est rare de voir un enfant témoigner par l'expression de son visage qu'il fait usage de ses yeux. Le plus souvent ceux-ci sont fermés et ce n'est guère qu'après une, deux ou plusieurs semaines que les mères, attentives aux gestes de leur enfant, le voient, pour la première fois, suivre du regard un objet, le plus souvent encore un objet lumineux, une bougie par exemple.

Tels sont les faits :

En résumé, le développement anatomique et physiologique de l'œil, explique, selon nous, les changements qui surviennent dans ce que nous avons appelé les prédispositions de l'enfant.

Il explique comment, avec les mois et les années, il y a diminution de fréquence et enfin disparition complète de telle forme morbide, l'ophthalmie purulente par exemple, apparition de formes morbides d'un nouveau genre.

Ces dernières considérations méritent quelques développements.

CHAPITRE V.

Lorsque l'enfant est à la fin de sa dentition, sa constitution générale a déjà subi des modifications importantes, sous l'influence du développement graduel de tous les organes. Par le jeu de ses fonctions, par les changements anatomiques qui ont eu lieu dans ses tissus, l'enfant de 3 à 4 ans diffère infiniment du nouveau-né. La vie végétative a cessé pour lui, la vie animale commence, l'alimentation est devenue celle qui sera suivie toujours; les organes fonctionnent selon le but qui a été assigné à chacun. Parallèlement à ces changements, on peut constater des changements dans les aptitudes morbides. — Les gastrites, les gastro-entérites, si communes pendant les deux premières années et qui, avec les chances d'ophthalmie purulente, de dentition laborieuse et d'affections diverses du cerveau, composent presque toute la pathogénie du nouveau-né, ont à peu près disparu.

Chez l'enfant de 3 à 4 ans, ce sont d'autres formes d'affections que le médecin a à observer. En général, ces affections reconnaissent pour cause des troubles de nutrition, car la nutrition devient le fait capital, à l'âge qui **nous occupe.**

Or, de même que les affections diverses ne seront plus celles du nouveau-né, de même les affections oculaires auront un nouvel aspect. L'ophthalmie purulente ne se verra plus, l'inflammation de la conjonctive prendra des caractères nouveaux, et on observera assez rarement la conjonctivite catarrhale, mais ordinairement et très souvent la conjonctivite pustuleuse.

CHAPITRE VI.

Conjonctivite catarrhale.

Chez l'adulte, l'inflammation catarrhale de la conjonctive ne se borne pas seulement à la muqueuse qui tapisse la face interne des paupières, elle envahit encore la conjonctive bulbaire, et, sur ce point, quand la maladie a atteint un certain développement, l'inflammation se montre avec ses caractères les plus tranchés, rougeur, gonflement, etc., etc.; le chémosis phlegmoneux accompagne souvent la conjonctivite de l'adulte.

Chez l'enfant, la conjonctivite catarrhale franche présente très rarement des symptômes aussi accusés. Ordinairement la rougeur de la muqueuse bulbaire est peu intense et le chémosis phlegmoneux n'apparaît pas. L'inflammation est en général limitée, ou à peu près, à la muqueuse qui tapisse la face interne des paupières ; elle a peu de tendance à envahir avec violence la muqueuse bulbaire.

On observe souvent l'inflammation catarrhale de l'œil dans les salles d'asile. Elle prend souvent la forme granuleuse et devient contagieuse.

RÈGLES HYGIÉNIQUES.

C'est dans les salles d'asile, dans les écoles, dans les

lieux enfin où sont réunis un grand nombre d'enfants, que cette maladie s'observe surtout. Aujourd'hui à Paris, les asiles et les écoles sont visités par des médecins, et les enfants atteints de la conjonctivite catarrhale granuleuse sont renvoyés à leurs parents. Mais souvent, alors, ils communiquent leur mal à ceux-ci ; les parents doivent donc prendre quelques précautions. Les meilleures sont quelques-unes de celles que nous avons indiquées à propos de l'ophthalmie purulente, encore n'est-il pas permis de compter sur leur complète efficacité.

Quoi qu'il en soit, lorsqu'un enfant sera retiré de l'asile ou de l'école, atteint d'une conjonctivite granuleuse, il sera bon qu'on l'écarte des autres enfants de son âge et qu'on évite de se toucher les yeux après avoir touché les siens. Les linges, tout ce qui aura servi au pansement, devront être écartés ; en un mot, on devra éviter d'approcher de ses yeux les sécrétions provenant de l'œil du malade.

Les soins qui regardent l'enfant seront décrits à l'article des blépharites.

CHAPITRE VII.

Ophthalmie pustuleuse, ou conjonctivite pustuleuse. Conjonctivite phlycténulaire.

Nous avons étudié deux variétés d'inflammation de la conjonctive, la conjonctivite catarrhale purulente, la conjonctivite catarrhale ordinaire.

En se rappelant les causes de ces deux maladies, on remarquera qu'elles sont externes, c'est-à-dire répandues dans le milieu où l'enfant vit. Citons pour seuls exemples, le froid humide, les vapeurs irritantes... L'apparition d'une conjonctivite soit purulente, soit catarrhale simple, n'indique donc rien, sinon l'action de certains agents extérieurs chimiques ou physiques sur l'œil de l'enfant ; elle ne préjuge pas d'un état particulier de la constitution dont l'ophthalmie est la manifestation extérieure. Ce fait, fort digne d'attention, nous allons pour la première fois le voir apparaître en étudiant les causes de l'ophthalmie pustuleuse. Cette inflammation de la conjonctive n'est en effet que le symptôme apparent d'un état particulier de la constitution de l'enfant.

Nous avons dit qu'à partir de l'âge de 3 à 4 ans, la nutrition était chez l'enfant la plus importante des fonctions. De son accomplissement régulier et parfait résulte le développement normal de chaque organe, l'accroissement régulier de tout l'organisme. Si la nutrition est enrayée par une cause quelconque, si elle se fait mal, la constitution générale de l'enfant en témoigne tout d'abord. Il devient pâle, faible, maladif, il est moins vif et moins gai que ceux de son âge ; en un mot, il offre les caractères de ce qu'on a nommé le tempérament lymphatique. Que l'on suppose le trouble de la nutrition porté à un plus haut point, les symptômes ci-dessus sont plus accusés, on peut reconnaître chez l'enfant le degré le plus élevé du *lymphatisme*, le tempérament scrofuleux.

Dans ces conditions, divers organes témoignent du trouble de l'organisme. S'il y a seulement tempérament lymphatique, on voit apparaître des engorgements glandulaires peu considérables, diverses affections cutanées. A un degré plus élevé d'altération constitutionnelle, ce sont des écoulements par l'oreille, des engorgements glandulaires plus nombreux, et qui tendent à suppurer, des maladies de peau, des abcès froids, des arthrites d'un caractère spécial.

Dans les deux cas, du côté de l'œil, ce sont des conjonctivites pustuleuses ou des blépharites, ou des kératites, souvent ces trois affections ensemble.

En raison et de l'existence souvent simultanée de ces trois affections et de la relation qui existe entre elles et l'état constitutionnel que nous avons esquissé, les Allemands et plusieurs auteurs, MM. Mackenzie, Sichel, Stœber, Rognetta, Lawrence, Cunier, Morand, etc., les ont réunies et décrites sous un seul nom, celui d'ophthalmie scrofuleuse. Cette dénomination a selon nous le tort d'aller souvent au-delà de la vérité. De plus, il nous semble fâcheux de confondre dans une même description des altérations qui diffèrent par leur siége, et par conséquent réclament non un traitement général, mais un traitement local différent.

MM. Velpeau et Desmarres ont séparé ce que d'autres avaient réuni et décrit, à part, la conjonctivite, la blépharite et la kératite, liées à la constitution lymphatique ou scrofuleuse. Il y a avantage à suivre leur exemple.

L'ophthalmie pustuleuse est caractérisée par une petite pustule ou phlyctène, large comme la coque d'un grain de millet, qui siége sur la conjonctive, près de la cornée. A la pustule ou à la phlyctène, aboutissent des vaisseaux. Ces vaisseaux sont réunis en forme de triangle, et siégent le plus souvent à l'angle interne de l'œil. C'est le sommet du triangle vasculaire qui touche à la pustule. D'après Wardrop et Hymly, les pustules qui se montrent sur la conjonctive, seraient la même chose que ce que l'on appelle aphthes dans la bouche et sur les lèvres. Une observation attentive démontre, selon ces auteurs, que les pustules prennent naissance dans les petites glandes muqueuses de la conjonctive. Or, c'est dans les glandes muqueuses des lèvres, de la bouche, de la gorge, que les aphthes se développent.

Cette forme d'inflammation de la conjonctive est celle qu'on voit le plus souvent chez l'enfant. Sa plus grande fréquence est entre six et douze ans. Après cet âge, elle devient de plus en plus rare, et on ne la voit plus que par exception chez des sujets de vingt-cinq ans.

Pourquoi dans la conjonctivite pustuleuse, la rougeur siége-t-elle le plus souvent à l'angle interne? Pourquoi se montre-t-elle toujours entre deux muscles droits? Pourquoi les vaisseaux congestionnés prennent-ils cette forme triangulaire? Pourquoi enfin cette sorte de conjonctivite n'apparaît-elle que chez les enfants présentant ce que l'on nomme l'habitude lymphatique? Il n'est pas possible dans l'état de la science de répondre à ces questions.

La conjonctive est plus vascularisée à l'angle interne qu'en tout autre point. Ce fait anatomique a sans doute son importance pour expliquer la plus grande fréquence de l'ophthalmie à l'angle interne, mais il ne satisfait pas à toutes les questions que nous avons posées.

De tout ce que nous avons dit à propos de la cause de l'ophthalmie pustuleuse, il résulte que les moyens hygiéniques, qui lui sont applicables, sont ceux qui tendent à prévenir le tempérament lymphatique, ou à le combattre s'il s'est manifesté.

Pour faire mieux apprécier ces moyens, il n'est pas inutile de faire connaître certain mode de développement du tempérament lymphatique. La constitution lymphatique est souvent congénitale. C'est, dit Lawrence, un héritage que les enfants reçoivent de leurs parents. Mais chez des sujets issus de parents non scrofuleux, il n'est pas rare que la constitution lymphatique apparaisse de bonne heure. Nous pensons que dans bien des cas, c'est une constitution acquise, et qui a pour origine une alimentation première imparfaite. Les enfants mal nourris pendant leurs premiers mois acquièrent rapidement tous les signes de cette constitution, et les conservent plus ou moins longtemps, selon que la cause a agi plus ou moins de temps, selon que les soins ultérieurs ont été plus ou moins bons. Nombre de fois, j'ai vu, à ma consultation du bureau de bienfaisance, des enfants de trois, six, neuf mois, qui déjà présentaient au plus haut degré l'habitude lymphatique. A la simple vue, je savais leur histoire.

Ces enfants, nés dans les plus pauvres familles, élevés par des mères maladives ou occupées d'autres soins, avaient été sevrés prématurément et soumis à une nourriture qui ne convenait nullement à leur âge. Il advenait de ce régime un amaigrissement extrême, des diarrhées, des vomissements continuels, le retard de la dentition, qui toujours était difficile... tout un cortége de maux. M. Nathalis Guillot a, dans ses cours, à la faculté, insisté longuement sur les faits qui précèdent. Nous leur avons donné place ici, parce que, dans un grand nombre de cas, en observant chez de jeunes sujets les trois genres d'affections désignées sous le nom d'ophthalmie scrofuleuse, nous avons pu retrouver comme cause du lymphatisme et de la maladie oculaire, cette alimentation première imparfaite, sur les résultats de laquelle nous tenons à appeler l'attention. Ceci dit, nous établirons comme règles d'hygiène applicables à prévenir non-seulement la conjonctivite pustuleuse, mais ce que certains auteurs cités ont nommé ophthalmie scrofuleuse, les principes suivants :

Il faut avant tout veiller à la qualité et à la quantité de la première alimentation de l'enfant. Cette alimentation doit se composer de lait de femme.

L'enfant doit être assez couvert pour être préservé des intempéries. Il ne faut pas l'élever dans un lieu humide, mal aéré, mal éclairé, privé de soleil et de jour;

Il faut sortir souvent le jeune enfant, et dès lors qu'il a grandi, lui faciliter les exercices ordinaires à son âge. La vie sédentaire lui est nuisible et les exercices, s'ils ont lieu dans un appartement, sont insuffisants.

Disons pour terminer que la conjonctivite pustuleuse guérit d'ordinaire très rapidement, mais que si l'inflammation s'étend à la cornée (et elle y a grande tendance), la maladie peut durer un temps assez long. La conjonctivite pustuleuse simple, c'est-à-dire sans complication, ne compromet jamais la vision, c'est une affection légère.

CHAPITRE VIII.

Blépharites.

On a donné le nom de blépharite à l'inflammation de la face interne ou du bord libre des paupières. On distingue quatre sortes de blépharite, selon le siége. La blépharite ciliaire ou inflammation des bulbes des cils, la blépharite glandulaire, ou inflammation des glandes de Méibomius, la blépharite muqueuse, la blépharite granuleuse.

Le plus souvent les trois premières existent à la fois. Il en est ainsi surtout quand la blépharite se lie à la constitution lymphatique ou scrofuleuse, et les blépharites sont presque toujours dans ce cas chez les enfants.

Alors, on voit une rougeur insolite au bord libre des paupières. En même temps des croûtes adhèrent à la base des cils, et une sécrétion abondante et épaisse est fournie par les glandes de Méibomius enflammées ; les paupières sont collées le matin.

On ne saurait croire combien sont tenaces ces affections en apparence légères. Si elles sont négligées, elles persistent indéfiniment et ont pour conséquence, dans beaucoup de cas, la chute totale ou partielle des cils, leur déformation, l'induration et le gonflement du bord libre des paupières.

Quand ce gonflement et cette induration existent, parfois le bord libre se renverse et la muqueuse fait un bourrelet saillant en dehors et rouge qui remplace la paupière et protège l'œil. D'autres fois, les paupières se retournent contre le globe oculaire, et les cils qui restent frottent contre l'œil, l'irritent, et peuvent déterminer une inflammation capable d'amener la perte de l'organe.

Nous soignons, en ce moment, un nommé Besson, jardinier à Clamart, qui est atteint de blépharite depuis l'âge de 5 ans, il en a 26. Voici le diagnostic que nous avons porté il y a un mois, lorsque nous l'avons vu pour la première fois. Nous le rapportons pour faire envisager la durée indéfinie et les conséquences de la blépharite.

Blépharite granuleuse. — Trichiasis. — Entropion et ectropion alternatifs dus, l'un à un état spasmodique de l'orbiculaire, l'autre au gonflement du bord libre et à l'hypertrophie du tarse. — Déviation des points lacrymaux et larmoiement. — Les deux dernières affections sont la conséquence de l'ectropion.

La blépharite glandulo-ciliaire est une des affections comprises par les auteurs que nous avons cités sous le nom d'ophthalmie scrofuleuse. Ce nom indique qu'elle est liée, comme nous l'avons dit, soit avec le tempérament lymphatique, soit avec la scrofule. Ce sont donc les états constitutionnels qu'il s'agit de prévenir. Nous avons déjà indiqué les moyens employés dans ce but.

Mais il est, outre ces moyens, quelques soins hygiéniques applicables surtout dans les cas de blépharites, et comme nous l'avons annoncé précédemment, dans les conjonctivites catarrhales de l'enfance.

Tous les matins, les yeux de l'enfant doivent être lavés doucement avec une éponge molle, imbibée d'eau un peu tiède. — Même précaution si, dans la journée, il se frotte les yeux et porte ainsi vers ses paupières des substances malpropres et irritantes.

Si le mal menace, si le matin les cils sont collés, il faut empêcher que l'enfant use d'un petit effort pour entr'ouvrir ses paupières. — On bassinera celles-ci avec de l'eau tiède, légèrement jusqu'à ce que les croûtes se détachent d'elles-mêmes. — Cela est important. — Si l'on aime mieux, pour arriver au même but, on pourra oindre le bord libre avec gros comme un grain d'orge de pommade de concombre, de façon toujours à détacher les croûtes et à permettre aux paupières de s'ouvrir d'elles-mêmes.

Dès qu'il y a inflammation, l'enfant, surtout au moment du réveil, frotte ses yeux. Ces frottements sont fâcheux et devront être prévenus, s'il est possible. Ils déterminent de l'irritation et favorisent le développement du mal.

Les anciens croyaient que les anneaux que l'on suspend au lobule de l'oreille pouvaient avoir quelque efficacité contre certaines affections des yeux et des oreilles. M. Pétrequin soutient la justesse de leur opinion et dit en avoir retiré de bons effets. En admettant les affirmations du chirurgien de l'Hôtel-Dieu de Lyon, on trouverait dans un usage de *pure coquetterie*, d'après M. Malgaigne, un moyen hygiénique, utile dans les conjonctivites et les blépharites.

CHAPITRE IX.

De la kératite pustuleuse.

La cornée est une membrane transparente, convexe, enchâssée comme un verre de montre à la partie antérieure du globe de l'œil. On appelle kératite ou cornéite l'inflammation de cette membrane.

De toutes les affections oculaires, les kératites sont les plus communes.

Les kératites présentent des formes diverses qui ont nécessité de la part des auteurs des descriptions particulières; nous nous bornerons à parler de la kératite pustuleuse qui, si elle n'est pas la seule qu'on observe chez les enfants, est au moins, par son extrême fréquence, celle que l'on peut considérer comme propre au jeune âge.

C'est la troisième espèce d'affection oculaire rangée sous la dénomination unique d'ophthalmie scrofuleuse. D'après notre observation, elle se montre, en général, chez des sujets qui présentent l'habitude lymphatique à un plus haut degré que ceux atteints simplement de blépharite ou de conjonctivite pustuleuse. Cette dernière affection est en rapport avec la constitution lymphatique la moins prononcée.

La kératite pustuleuse présente la même vascularisation que la conjonctivite pustuleuse. La différence entre les deux formes morbides consiste, entre autres symptômes, en ce que la pustule à laquelle aboutit le sommet du triangle vasculaire est située parfois en partie sur la conjonctive et sur la cornée, le plus souvent sur la cornée seulement et au centre de cette membrane. La pustule dure peu. En un ou deux jours, elle est remplacée par un petit ulcère, dans lequel rentrerait à peine la tête d'une grosse épingle. Les parois, le fond surtout de cet ulcère, ont un brillant tout particulier qui échappe à la description.

Quand l'ulcération existe, l'enfant ne peut supporter la lumière, il cherche l'obscurité. Il n'ouvre ses paupières qu'avec peine, ce qui rend très difficile l'examen des yeux. Sur ces seuls symptômes les mères peuvent préjuger la maladie de leur enfant.

On peut dire que la kératite pustuleuse reflète assez exactement dans sa marche, sa durée, ses modifications, la durée, la marche, les modifications de l'état constitutionnel qui lui a donné naissance. Si la constitution ne s'améliore pas, la maladie reste stationnaire ; si elle s'améliore et périclite ensuite, la maladie disparaît, puis récidive et se prolonge parfois ainsi pendant des années avec des alternatives de mieux, de guérison même, et de rechutes souvent plus longues et plus graves que la maladie première.

Lorsque les choses se passent ainsi, il n'est pas rare que la longue durée du mal, ses récidives fréquentes, fassent perdre patience au malade ou à ses parents, et que tout traitement soit abandonné. C'est là une conduite fâcheuse, car, d'une part, la maladie peut produire des accidents locaux assez graves pour compromettre la vue, accidents que la médecine prévient presque toujours ; d'autre part, l'état constitutionnel s'aggrave le plus souvent ou persiste faute d'un traitement approprié et, disons-le, très longtemps suivi.

Tout ce que nous avons dit des moyens capables de prévenir les tempéraments lymphatique ou scrofuleux est applicable à la prophylaxie de la kératite pustuleuse.

CHAPITRE X.

Taies de la cornée.

Le plus connu, le plus commun des accidents qui surviennent après les kératites et après la kératite pustuleuse en particulier, est l'existence d'une tache blanche sur la cornée (taie de la cornée). Si la taie ne siége pas au centre de la cornée, elle ne nuit qu'à la beauté de l'organe ; mais, si comme cela a lieu le plus souvent, la taie occupe le centre, elle gêne singulièrement la vision, l'empêche quelquefois, et peut être le point de départ de diverses affections, telles que la myopie, le strabisme, l'asthénopie.

Je ne sache pas qu'on se soit demandé jusqu'ici pourquoi la taie est toujours ou presque toujours centrale ou voisine du centre de la cornée. Je me permettrai une explication à ce sujet :

Les ulcères et abcès de la cornée qui siégent ou sur les bords de la cornée, ou en partie sur la cornée et sur la conjonctive, ne donnent jamais naissance à des taies.

Les ulcères et abcès qui siégent vers le centre de la cornée amènent très souvent des taies.

D'où vient cette différence ?

Pour ce qui est des ulcères et abcès de la périphérie,

je pense que la vascularité plus prononcée au voisinage de la cornée favorise en ce point la réparation des tissus et l'absorption des produits épanchés, double condition qui s'oppose à la formation des taies.

Pour ce qui est des ulcères et abcès du centre, je pense qu'en ce point la vascularisation étant moindre sinon nulle, la réparation de tissu et l'absorption ne s'y font que difficilement. Deux raisons pour que les liquides épanchés s'organisent et qu'il y ait formation de taies.

RÈGLES HYGIÉNIQUES.

Les taies qui occupent le centre de la cornée exigent des parents certaines précautions. Ces précautions sont relatives au travail de l'enfant.

Un enfant atteint d'une taie centrale, même faible, ne devra pas être destiné à une profession qui exigerait une grande application de la vue. Ainsi les professions d'horloger, bijoutier, tailleur, brodeuse, couturière, devront être écartées. Nous avons vu quelques sujets atteints de taie centrale et qui ont commencé quand même l'une ou l'autre des professions citées ou quelque autre réclamant également une bonne vue, force leur a été de renoncer. Nous verrons, lorsqu'il sera question de l'asthénopie, l'influence des taies de la cornée sur la vision.

CHAPITRE XI.
Du strabisme.

Bien que le strabique ait la volonté de regarder un objet avec les deux yeux, l'un d'eux se détourne involontairement de la direction qu'il devrait prendre et n'harmonise plus ses mouvements avec les mouvements de l'autre œil.

Le strabisme, vue louche, vue oblique, est un défaut de parallélisme entre les axes visuels. Il y a strabisme lorsque l'un des yeux ou les deux yeux sont déviés de la direction normale.

On a l'habitude de réunir sous le nom de strabisme et dans une même description, plusieurs affections qu'il serait utile au point de vue de l'étiologie, du diagnostic et du traitement, de séparer.

Nous distinguerons deux variétés de strabisme : il sera aisé de voir que cette distinction n'est pas hors de notre sujet, attendu que les règles d'hygiène applicables à l'une de ces variétés ne le sont pas à l'autre.

Première variété. — C'est le strabisme ordinaire. Il y a déviation de l'œil, mais celui-ci est mobile et conserve tous ses mouvements. C'est le genre de strabisme le plus commun et celui que l'on a généralement en vue quand on parle du strabisme.

2e *Variété.* — M. Mackenzie lui a donné le nom de Luscitas. Dans cette variété, l'œil est dévié et reste toujours dévié. Les mouvements sont abolis au moins dans les cas types. Dans certains cas où la maladie est incomplète, ils existent en partie.

PREMIÈRE VARIÉTÉ. — Strabisme avec mobilité de l'œil.

La cause première du strabisme ne réside point, comme on l'a répété jusqu'à ce jour, dans une affection des muscles de l'œil. Il faut la chercher avec MM. Elliot et Mackenzie dans les nerfs qui animent ces muscles, qui sont ceux de la 3e et de la 6e paire.

Dans le strabisme avec conservation des mouvements de l'œil, le seul raisonnement indique *a priori* que les muscles n'ont subi aucune transformation. Les recherches anatomiques confirment le fait. MM. Bouvier, Mackenzie et autres ayant disséqué les muscles d'yeux strabiques n'y ont remarqué aucune altération. M. Velpeau (*Ann. chirurgicales*, avril 1842, p. 143) cite plusieurs autopsies qui ont fourni un résultat semblable.

Les muscles, dans le strabisme, ne font que traduire aux regards une innervation vicieuse. C'est ce que le professeur d'Ammon, de Dresde, a soutenu. L'action vicieuse des nerfs moteurs détermine seule l'état de contraction musculaire.

Voici en effet comment les choses se passent :

Sous l'influence d'excitations particulières, l'harmonie d'action des nerfs moteurs cesse d'exister. Il en résulte la désharmonie d'action, de mouvement, de situation des deux yeux ou le strabisme. En d'autres termes, les nerfs moteurs ne fonctionnant plus ensemble, les muscles, associés aux deux yeux, n'agissent plus simultanément.

Ainsi envisagé, le strabisme est une névrose des nerfs oculo-moteurs, dont la contraction musculaire et ses conséquences sont les symptômes. Etudier l'étiologie du strabisme, c'est rechercher les causes qui peuvent produire cette névrose.

En premier lieu, nous trouvons l'hérédité. Il est en effet des familles chez lesquelles la loucherie se perpétue. Nous avons dit à propos des maladies congénitales de l'œil que le strabisme en fait partie. — S'il ne se déclare qu'après la naissance, peut-être l'imitation joue-t-elle parfois un rôle dans ces cas-là. Sur 163 cas de strabisme réunis par le docteur Peyré, 119 strabiques avaient moins de 6 ans.

Il est assez commun de voir la dentition, les vers intestinaux, l'embarras gastrique, l'onanisme, produire chez les enfants un strabisme fixe ou temporaire.

On a cité plusieurs exemples de strabisme causé par l'imitation ou par l'habitude vicieuse des yeux de se diriger toujours vers un même point. Pour ce qui est de l'imitation, M. Rognetta dit avoir connu plusieurs enfants devenus louches, par cela seul qu'ils s'efforçaient d'imiter la loucherie de leurs parents, de leurs nourrices ou de leurs camarades.

Le même auteur cite, d'après Wardrop, le cas d'une jeune femme devenue strabique, parce que, forcée de garder le lit dans une chambre éclairée par une seule fenêtre, elle tournait toujours les yeux de ce côté. Il suffit de changer le lit de place pour la guérir.

Chez presque tous les sujets, la portée des deux yeux n'est pas la même. On a remarqué que l'œil gauche est d'ordinaire plus faible que le droit. Tant que cette inégalité n'est pas poussée trop loin, elle passe inaperçue ; mais, si elle existe à un certain degré, il en résulte plusieurs inconvénients pour la vision, parfois le strabisme; c'est en pareil cas l'œil faible qui se dévie.

Nous avons parlé des taies de la cornée, elles sont une cause fréquente de strabisme lorsqu'elles n'existent que sur un seul œil. Alors, en effet, la lumière n'agit plus également sur les deux rétines par suite de l'obstacle physique constitué par la taie, et il y a inégalité de puissance des deux yeux comme dans le cas précédent. On conçoit que cette inégalité amène l'inégalité d'action des nerfs moteurs, et par suite le strabisme qui, en brisant l'harmonie d'action de deux organes d'une puissance différente, empêche la fatigue de l'œil sain.

RÈGLES HYGIÉNIQUES.

Si des parents atteints de strabisme ont des enfants qui ne louchent pas dès la naissance, ils devront plus que d'autres empêcher chez leurs fils l'imitation et les habitudes vicieuses que nous avons signalées. Plus que d'autres aussi ils devront prendre les quelques précautions qui vont être indiquées, car il est raisonnable d'admettre que les enfants issus de parents qui louchent sont plus prédisposés que d'autres à subir l'influence des causes qui amènent la loucherie.

On veillera à ce que la dentition s'opère le moins laborieusement possible. Bien que ce n'en soit pas ici le lieu, nous dirons que, selon nous, le meilleur moyen de prévenir une dentition difficile et tardive est de bien nourrir l'enfant et de le nourrir de lait de femme exclusivement.

On surveillera les enfants qui ont un sommeil agité la nuit, de l'inappétence, une humeur chagrine, qui ont le visage abattu, les yeux cernés, le ventre ballonné, les pupilles dilatées. Les symptômes qui précèdent dénotent la présence d'ascarides lombricoïdes dans l'intestin. Or, ces vers peuvent produire différents désordres : le délire, les convulsions, le coma, la paralysie des sens, etc..... le strabisme.

Le strabisme n'est pas le seul accident que produise l'onanisme. Les parents ne sauraient trop garder leurs enfants contre cette fâcheuse habitude.

Si on s'aperçoit que la puissance des deux yeux est inégale chez l'enfant, il sera bon d'y remédier par un exercice approprié ou par l'emploi de verres.

Deux questions se présentent maintenant qui méritent une courte réponse.

L'opération du strabisme mérite-t-elle le discrédit dans lequel elle est tombée ?

A quel âge faut-il opérer les enfants ?

On peut répondre oui et non à la première question.

Oui, l'opération du strabisme, telle qu'elle fut généralement pratiquée pendant les quelques années qui suivirent 1840, mérite le discrédit. Pour la plupart des chirurgiens de l'époque, en effet, le strabisme était, selon l'expression et l'opinion de M. Jules Guérin, le pied-bot de l'œil, et quand même il fallait arriver à redresser l'œil. Pour cela, il s'agissait de couper, qui le croirait? tous les muscles qui paraissaient s'opposer à la situation normale de l'œil. On coupait donc sur un même œil, un muscle, deux muscles, trois muscles, quatre muscles, cinq muscles ! ! !

M. Amussat opérant le docteur Schuter coupa d'abord le droit interne, — insuccès ; — puis le grand oblique, — insuccès ; — puis le droit inférieur, — insuccès ; — puis le droit supérieur... l'œil saillit de l'orbite (exophthalmos).

M. Baudens trouva et établit les indications qui devaient conduire à couper pour le plus grand bien de l'opéré, sans doute, et aussi pour la honte de la chirurgie, un, deux, trois, quatre... cinq muscles ! ! !

Est-ce la peine de dire qu'une telle méthode était vicieuse et procédait d'une connaissance inexacte de la vraie cause du strabisme ? Elle fut d'ailleurs suivie d'insuccès si notoires que la strabotomie tomba bien vite en désuétude.

Nous pensons tout autrement de l'opération pratiquée selon les règles tracées par M. Lucien Boyer en France, et par MM. Elliot et Mackenzie, en Angleterre. Ces chirurgiens, voyant dans le strabisme une association nouvelle et anormale des yeux, et comme conséquence le manque de parallélisme entre les axes visuels, n'ont songé qu'à rétablir le parallélisme des deux yeux dans tous leurs mouvements. A cet effet, ils ont proposé la section d'un muscle sur chacun des yeux, et cette opération, qui cependant est soumise à certaines indications, a été suivie des résultats les plus heureux pour la vision et la régularité des traits.

A quel âge faut-il opérer les enfants?

M. Velpeau pense qu'il faut opérer les enfants aussi bien que les adultes. Il fixe pour l'opération l'âge de 4 à 5 ans.

MM. Cuvier et Rognetta sont d'avis de ne pas opérer les enfants, parce que le strabisme disparaît souvent par les seuls progrès de l'âge.

M. Desmarres n'opère que vers l'âge de 7 ou 8 ans, et si des efforts soutenus ont été faits sans succès pour le redressement de l'œil.

La pratique de cet illustre maître nous paraît la plus sage.

2ᵉ VARIÉTÉ DE STRABISME. — Luscitas, strabisme avec abolition ou diminution sensible de la mobilité de l'œil.

Beer entendait par luscitas une déviation de l'un des yeux, dans un sens ou dans l'autre, telle que le malade ne peut plus le faire mouvoir. M. Mackenzie accepte cette définition. Elle est selon nous trop absolue, en ce que la luscitas comprise ainsi ne s'entend plus des divers degrés d'une même maladie, mais de celui-là seul qui aura amené l'immobilité de l'œil.

On doit désigner sous le nom de luscitas certains strabismes dans lesquels l'œil dévié a perdu ses mouvements en totalité ou en partie, selon le degré de la maladie qui a produit le strabisme.

Ces strabismes n'ont plus la même cause anatomique que ceux de la première variété que nous avons étudiés. Les mêmes règles d'hygiène ne leur sont pas applicables et le traitement n'en est pas le même. Si les moyens orthophthalmiques sont efficaces dans le traitement des uns (strabismes de la première variété), ils ne le sont pas dans les autres. On peut en dire autant de l'opération.

Les strabismes qui reconnaissent pour cause la paralysie de la troisième et de la sixième paire, ceux qui sont la suite d'affections cérébrales, de lésions traumatiques des muscles de l'œil ou de leurs nerfs, de brides et d'adhérences, de tumeurs de l'orbite, d'absence congénitale d'un des muscles droits, doivent être rangés sous le nom de luscitas.

On conçoit que, dans bon nombre de ces cas, les mouvements de l'œil dévié ne sont que diminués, soit parce que la paralysie est incomplète, soit parce que la tumeur de l'orbite est encore peu volumineuse ; on doit donc tenir compte de ces faits dans la définition de la luscitas.

CHAPITRE XII.
Myopie.

On dit d'un individu qu'il est atteint de myopie, lorsqu'il ne peut voir les objets qu'à une courte distance, en deçà des limites de la vision normale.

La myopie peut survenir à la suite de différentes maladies oculaires telles que le staphylôme transparent, les taies de la cornée, l'hydropisie de la chambre antérieure, l'hydrophthalmie, la scléro-choroïdite postérieure, etc. Dans ces cas, elle est symptomatique. Nous ne nous occuperons que de celle qui n'est accompagnée d'aucune lésion appréciable et qui commence dès la naissance.

La myopie est l'état physiologique de l'œil pendant le

jeune âge. Elle n'est point alors une infirmité, parce que l'enfant, n'ayant que peu de besoins, est limité dans ses rapports avec les choses extérieures. La myopie ne devient infirmité que chez l'adolescent et chez l'adulte. Chez le jeune enfant, la myopie dépend de ce que le cristallin est plus sphérique et la cornée plus épaisse et plus bombée, deux conditions propres à modifier la marche des rayons lumineux dans l'œil.

Avec les années, l'état de la cornée et celui du cristallin changent; alors, la vue devient normale. Mais diverses causes peuvent empêcher ces changements du cristallin et de la cornée et maintenir la myopie. Il en est qui peuvent la produire chez l'adulte qui n'a pas présenté auparavant les signes de myopie, mais il est hors de notre sujet d'en parler, et nous ne nous occuperons que des causes qui peuvent favoriser la vue myope chez les jeunes sujets.

L'hérédité se présente en première ligne. Il est commun de voir la myopie affecter les membres d'une même famille.

Autant la myopie est rare dans les campagnes et parmi les soldats, autant elle est commune dans les villes et surtout dans les hautes classes de la société. La raison de cette différence se trouve dans l'habitude d'élever les enfants dans des appartements sombres, où de bonne heure on les accoutume à une lumière faible, à regarder de petits objets, à travailler à des ouvrages très fins, de dessin, de broderie, de lecture, etc.

Certaines professions, surtout si elles sont suivies trop tôt, favorisent la myopie. Ainsi, l'exercice de certains arts : l'horlogerie, la bijouterie, la gravure, etc.

L'usage des voiles devant la figure a le même inconvénient que les causes citées plus haut, mais à un moindre degré.

RÈGLES HYGIÉNIQUES.

L'influence héréditaire pourra être avantageusement combattue par l'exercice des yeux. Ainsi, il sera bon que l'enfant ne vive pas trop renfermé ; on le conduira souvent à la campagne, la variété des points de vue et leur éloignement habitueront les yeux à regarder les objets éloignés. C'est là un des meilleurs moyens de prévenir et de combattre la myopie.

Comme les enfants les plus studieux sont souvent myopes par suite de l'application constante des yeux sur des objets rapprochés, on devra borner le temps des lectures et autres travaux de l'enfance ; on ne fera pas lire les enfants dans des livres imprimés en caractères trop fins ou manquant de la netteté suffisante.

On s'opposera à la fâcheuse habitude qu'ont les nourrices et souvent les mères, d'approcher très près des yeux de l'enfant le jouet qu'il préfère. Dans ce cas, comme dans celui qui précède, l'enfant s'accoutume à voir de près seulement, parce que l'appareil propre à accommoder l'œil pour la vision à de courtes distances fonctionne plus souvent et longtemps qu'il ne faudrait.

Ce sera une précaution sage de ne pas faire embrasser trop tôt à un enfant les professions qui réclament une trop grande application de la vue sur les objets fins et rapprochés.

Enfin, on ne devra permettre qu'assez tard l'usage des voiles et des lunettes.

Surtout que l'on n'espère pas trop que l'âge diminuera la myopie. Contrairement à la croyance générale, un tel résultat est assez rare, si surtout le malade, au lieu d'employer des verres de plus en plus faibles, suit l'habitude ordinaire et se sert de verres de plus en plus convexes.

CHAPITRE XIII.

Asthénopie.

Il est fréquent de trouver des personnes qui voient bien les objets éloignés et peuvent les regarder aussi longtemps qu'ils veulent; qui voient également bien d'abord les objets petits et rapprochés, mais qui cessent de les distinguer après un temps très court, s'ils les ont fixés assidûment.

Chez ces personnes, dont les yeux, en apparence, sont très sains, le travail sur des objets petits ou rapprochés amène très promptement un trouble de la vision qui rend ce travail impossible. Ainsi, après quelques instants donnés à la couture, au dessin, à l'écriture, etc., le malade éprouve dans l'œil une sensation de gêne, qui l'excite à fermer plusieurs fois les yeux; souvent avec cette gêne, quelques larmes apparaissent et il devient impossible de voir distinctement soit dessin, soit couture, etc. Il lui faut cesser de travailler, tant parce que une sorte d'obscurité couvre les objets que parce qu'il ressent une lassitude douloureuse dans les yeux. S'il persiste, cette lassitude ne fait que s'accroître, et il n'est pas rare qu'il ressente une douleur assez marquée non-seulement dans l'œil, mais dans les orbites, les tempes et le front.

C'est à l'ensemble de ces symptômes que l'on a donné le nom d'asthénopie, qui signifie faiblesse ou fatigue de la vue.

L'asthénopie ou les divers symptômes, rangés sous cette dénomination, n'ont qu'une durée passagère. Un certain temps de repos des yeux ramène la vision et permet de recommencer de nouveau le travail. Le malade alors voit sans peine les petits objets, mais cet état de la vision ne dure pas. Après un peu de temps d'assiduité, la gêne revient, la vue se trouble, et il faut encore reposer les yeux.

Ce fait, qu'en l'absence de l'application soutenue des yeux sur de petits objets, la vue est bonne et telle que si le malade n'avait jamais eu à se plaindre de ses yeux, différencie l'asthénopie de l'amblyopie et de l'amaurose, maladies dans lesquelles le trouble de la vision est permanent.

L'asthénopie s'observe chez des sujets de tout âge. Contrairement à l'opinion de M. Sichel, M. Mackenzie croit qu'elle existe plus souvent chez les jeunes gens que chez les vieillards.

Ce sont surtout les individus lymphatiques, les sujets mal nourris, privés d'air, de soleil, d'exercice qui en sont atteints. Elle est assez commune chez les jeunes filles chlorotiques, qui approchent du moment où les règles doivent s'établir et qui déjà sont soumises à des travaux soutenus. Elle ne se montre guère chez les jeunes enfants qu'à l'époque à laquelle on leur fait commencer certains travaux, soit de lecture, soit de couture, etc. L'asthénopie apparaît presque toujours aux deux yeux. En général, elle est plus prononcée à la lumière artificielle. Le soir, le trouble de la vision peut aller jusqu'à la cécité complète si le malade s'obstine au travail, malgré la gêne qu'il éprouve.

Ce n'est que dans ces derniers temps que l'asthénopie a été différenciée de l'amblyopie et de l'amaurose et décrite à part, comme maladie distincte et ayant pour cause la faiblesse des agents musculaires qui servent à l'accommodation de l'œil. Nous ne relaterons pas ici les travaux faits sur ce point de la science ni les diverses phases que la question de l'asthénopie a parcourues. Ceux qui voudraient connaître les opinions en faveur aujourd'hui touchant l'accommodation et ses agents, liront l'excellent mémoire de M. Marc-Sée, aide d'anatomie de la faculté, et le travail de M. Shauenburg, professeur à l'Université, insérés dans les 35e et 36e volumes des *Annales d'Oculistique* (année 1856). MM. Mackenzie et Desmarres ont publié deux articles pleins d'intérêt. Celui de M. Mackenzie a pour titre : *De l'Asthénopie ;* celui de M. Desmarres, *De la Fatigue de l'Accommodation.*

L'asthénopie, avons-nous dit, est une maladie de l'accommodation. Qu'est-ce que l'accommodation ? On entend par accommodation la faculté que possède l'œil et que ne possède aucun autre instrument d'optique, de modifier certaines de ses parties, de telle sorte que les objets proches ou éloignés puissent également faire leur image sur la rétine. — Ces modifications ne sauraient avoir lieu si certains agents qui y président, le muscle ciliaire, l'iris ne recevaient plus des nerfs ciliaires un stimulus suffisant ; d'où il suit que, selon le degré d'asthénie des nerfs ciliaires, l'accommodation sera abolie ou ne pourra s'exercer que pendant un temps plus ou moins long. Les personnes atteintes d'asthénopie sont dans ce dernier cas. Chez elle, par suite d'une innervation trop faible, il survient un défaut d'énergie des muscles accommodateurs, et l'œil ne peut s'ajuster pour les différentes distances que pendant un certain temps, variable selon les personnes et l'ancienneté de la maladie.

La connaissance de ces faits conduit à admettre que les causes de l'asthénopie sont toutes celles qui agissent directement ou indirectement sur les nerfs ciliaires en affaiblissant leur action.

Parmi les causes qui ont une action directe, il faut noter les ophthalmies dont le malade a été précédemment atteint. M. Mackenzie considère comme prédisposés à l'asthénopie les sujets qui ont été atteints d'ophthalmie purulente et des diverses formes d'affections oculaires que nous avons signalées comme liées au tempérament lymphatique. Les taies de la cornée, par suite de l'effort qu'elles nécessitent dès que la vision s'exerce sur des objets fins et rapprochés, sont dans le même cas.

Les causes qui ont une action indirecte sont l'état de débilité déjà ancienne de l'organisme (tempérament lymphatique), ou les maladies qui amènent cette débilité, l'état de chloro-anémie, les fièvres graves, etc., etc. Les privations de nourriture, de lumière, d'exercice, agissent de même.

RÈGLES HYGIÉNIQUES.

La force de l'œil ou la force des agents musculaires qui président à l'accommodation est variable selon les individus. Il faut savoir que ce n'est que lorsqu'on regarde les objets rapprochés qu'il peut y avoir fatigue de l'œil, parce que c'est alors seulement que les muscles accommodateurs jouent un rôle actif. Lorsqu'on regarde les objets éloignés, ce rôle actif cesse et l'on peut dire que les muscles accommodateurs ou l'œil se reposent.

Bien des malades disent qu'ils ont toujours eu la vue faible depuis certaines affections oculaires subies pendant leur enfance. A peu d'exceptions près, ce dire est juste, ces malades sont généralement prédisposés à l'asthénopie. En raison de cela, les parents devront ménager la vue de ceux de leurs enfants qui auront souffert soit de l'ophthalmie purulente, soit des ophthalmies liées au tempérament lymphatique. Ils ne devront pas réclamer trop tôt de ces enfants une application soutenue des yeux, ni les exercer de bonne heure aux travaux de lecture, couture, dessin, etc., etc.

Si des ophthalmies ont donné naissance à des taies de la cornée, les mêmes précautions sont à prendre. Elles sont alors plus indiquées.

Les enfants, en général, écrivent ou lisent la tête penchée sur le papier ou sur le livre, c'est une position fâcheuse qui, entre autres inconvénients, peut produire la myopie et parfois l'asthénopie. Lorsque nous visitions certaines écoles du 12ᵉ arrondissement, nous avons vu les directeurs de ces écoles prescrire à leurs jeunes élèves une attitude tout opposée. C'était d'une sage sollicitude, comme aussi de ne pas donner à lire aux enfants des livres imprimés en petits caractères.

L'habitude de l'onanisme épuise la constitution de l'enfant, débilite son système nerveux et par suite peut affaiblir le système ciliaire et l'énergie des muscles accommodateurs; d'où l'asthénopie. On pourra soupçonner cette habitude pernicieuse si l'enfant est triste, languissant malgré de bonnes conditions d'hygiène et de tempérament; s'il répudie les jeux de son âge et cherche la retraite. M. Pétrequin prétend que, chez de tels sujets, la pupille perd sa situation normale et se dévie en haut et en dedans.

Il nous suffit d'indiquer les effets de l'onanisme.

Pendant la convalescence d'une maladie grave, qui aura affaibli l'enfant, il sera imprudent de lui permettre les travaux qui réclament une application constante des yeux.

Autant que possible, les enfants ne doivent pas travailler longtemps à la lumière artificielle.

Il est bon de savoir que le seul exercice immodéré de

la vision peut conduire à l'asthénopie, un sujet doué de la meilleure vue.

CHAPITRE XIV.

Amaurose.

L'amaurose ne saurait être traitée ici avec tous les détails qu'un tel sujet comporte et qui seraient nécessaires si l'on décrivait toutes les amauroses qui peuvent survenir chez l'enfant.

Nous nous bornerons à quelques généralités.

On se fait en général une très fausse idée de l'amaurose. Dans le monde, on entend par amaurose, une maladie toujours la même et qui presque fatalement doit amener la cécité. Cette manière de voir est une erreur et nous devons le faire comprendre.

Le mot amaurose, si l'on s'en tient à l'étymologie, signifie obscurité de la vue, cécité. On pourrait donc à la rigueur l'appliquer à toutes les cécités quelles qu'en soient les causes, quelles que soient les maladies qui aient aboli la vue. Mais l'usage a prévalu de donner au mot amaurose, d'une part, une acception bien plus large que celle qu'on lui attribue dans le monde ; d'autre part, une acception moins étendue que celle autorisée par le sens étymologique, laquelle permettrait de comprendre sous le nom d'amaurose différentes maladies qui amènent la cécité, telles que les leucômes, les staphylômes, etc.

Médicalement parlant, on comprend sous le nom d'amaurose diverses maladies ayant leur siége soit dans les parties profondes de l'œil, soit dans le cerveau, soit dans la moelle. Toutes ces maladies ont deux caractères communs : 1° elles ne troublent pas la transparence des milieux de l'œil ; 2° elles font craindre la cécité.

Lorsque l'une de ces maladies débute, on dit qu'il y a amaurose commençante ou amblyopie.

Lorsque la maladie a amené la perte de la vue, on dit qu'il y a amaurose confirmée.

A l'aide d'un instrument précieux, découvert en 1852, l'ophthalmoscope, on peut éclairer et voir le fond de l'œil, et si la maladie siége dans l'œil même, on constate *de visu* sa nature et sa gravité. Cette exploration permet encore d'affirmer si l'amaurose est oculaire ou cérébrale. Dans le premier cas, on constate des désordres du côté de la choroïde, de la rétine, etc. Dans le second, on n'observe rien de semblable, ou le plus souvent une atrophie plus ou moins avancée de la papille du nerf optique.

L'amaurose s'observe fréquemment chez les enfants. Ce qui précède suffit pour faire comprendre qu'elle est due à des causes très nombreuses, et est la conséquence de lésions très diverses.

RÈGLES HYGIÉNIQUES.

Les mêmes causes qui provoquent l'amaurose chez les adultes, la font survenir chez les enfants. Toutefois, certaines sont spéciales à l'enfance, et doivent être connues, ce sont : la dentition, la présence de vers dans l'intestin, la suppression de certaines gourmes, eczéma, impétigo, la suppression des poux, les fièvres éruptives.

Il est rare que les amauroses occasionnées par les vers, l'embarras gastrique, la suppression des dartres ou des poux, ne cèdent pas rapidement à un traitement convenablement dirigé. Malgré cela, on devra avoir en vue les accidents que nous signalons. Sachant ce qui précède, les prévenir est trop simple pour que nous insistions.

Bien des enfants sont devenus aveugles à la suite des fièvres éruptives, variole, rougeole et scarlatine. Dans ces cas, l'amaurose est le résultat de lésions diverses. Tantôt elle survient parce que l'inflammation a gagné le cerveau ou les méninges ; tantôt parce que la maladie a épuisé la constitution et affaibli le système nerveux ; tantôt enfin, et c'est souvent ainsi après la scarlatine, parce qu'une hydropisie générale a suivi de près la terminaison de la maladie et provoqué des désordres du côté de la rétine ou des centres nerveux.

Que faire pour prévenir ces amauroses ?

Trop de parents considèrent les fièvres éruptives comme peu dangereuses. Dans les campagnes, il est rare qu'on réclame à leur occasion le concours du médecin. Sans doute l'amaurose ne survient que dans un bien petit nombre de cas, mais encore ce petit nombre suffit pour démontrer que lorsqu'un enfant est atteint d'une fièvre éruptive, il ne faut pas s'abandonner à une sécurité trop grande. Certains accidents cérébraux, capables d'amener l'amaurose, pourraient être combattus avantageusement par la médecine. Il en est de même de la débilité qui suit parfois les fièvres.

L'impression du froid ne saurait être considérée comme la cause unique de l'hydropisie, qui survient parfois à la suite des fièvres éruptives ; toutefois cette influence est admise par la plupart des médecins. Il sera donc prudent après les fièvres éruptives, la scarlatine surtout, de préserver l'enfant du contact de l'air froid.

www.ingramcontent.com/pod-product-compliance
Lightning Source LLC
LaVergne TN
LVHW020053090426
835510LV00040B/1681